Ulrich
Peters

Das Märchen
vom vergessenen
Weihnachtsengel

Weihnachtsengel gibt es ohne Zahl, unübersehbar und überall – kleine und große, dicke und dünne, goldene und strahlend weiße, lustige, lachende und solche, die sehr, sehr ernst dreinblicken. Es ist, als ob sie geradewegs aus Betlehem in unsere Welt gewandert wären. In den Auslagen der Geschäfte sehen sie uns an. Wir begegnen ihnen in der Weihnachtsdekoration an allen möglichen und unmöglichen Orten. Meine Familie sammelt Weihnachtsengel. Alle Jahre wieder zieht ein beständig wachsendes buntes Völkchen für einige der schönsten Wochen in unser Wohnzimmer und nimmt seinen angestammten Platz auf dem alten Schrank ein.

Würden wir die Engel vergessen, es wäre nicht wirklich Weihnachten – und was für die Engel auf unserem alten Wohnzimmerschrank gilt, galt nicht weniger für einen anderen kleinen Kerl.

Eigentlich war er nur ein ganz gewöhnlicher kleiner Engel. Einverstanden, ganz gewöhnlich vielleicht nicht, denn er war ausgewählt worden: Zusammen mit einigen anderen Engeln durfte er bei der Geburt Jesu dabei sein. Damit hatte er selbst am allerwenigsten gerechnet. Er hatte ja kaum genügend Zeit gehabt, sich im Himmel einzuleben. Aber die Aussicht, schon bald wieder einen Fuß auf die geliebte alte Mutter Erde setzen zu dürfen, erfüllte den kleinen Kerl mit großem Glück.

Der Himmel war schön, sehr schön sogar. Es fehlte ihm hier an nichts. Außer vielleicht … na ja, wenn er ehrlich war, fehlten ihm seine Freunde und Spielkameraden, der Geruch von Erde, das Gefühl warmen Sonnenlichts auf seiner Haut, der erfrischende Regen und kühlende Schnee, ein kräftiger Wind, der einem um die Nase weht, der Geschmack, Süßes, Saures, Salziges … Kurzum: Der kleine Kerl konnte es kaum erwarten, wieder auf die Erde zu kommen.

Wann immer sich der himmlische Chor traf, um für den großen Tag zu proben – der kleine Engel war als erster da. Voll gespannter Vorfreude sang er klarer und heller als alle anderen. Keiner war so eifrig, wenn es darum ging, die himmlischen Instrumente zu putzen und für den großen Tag auf Hochglanz zu polieren.

Dann war es endlich soweit. Zur Mitte der Nacht öffnete sich der Himmel, und Maria brachte den kleinen Jesus als ein ganz normales Kind zur Welt. Die Menschen, die dafür aufmerksam waren, hörten die Engel singen – und das kommt nicht sehr häufig vor. Wie genoss der kleine Engel diese unvergleichlich festlich leuchtende Nacht. Ein Glanz ging von der jungen Familie aus, wie er ihn bislang nur ein einziges Mal gesehen hatte – in dem Moment nämlich, als sich die Tür zu Gottes Thronsaal geöffnet hatte und der große Engel feierlich hervortrat, um ihnen davon zu berichten, dass Gott beschlossen hatte, Mensch zu werden.

Es war ein warmer, golden glühender Glanz wie Sonnenschein und Sternenlicht und flackerte fröhlich wie eine tausendfach funkelnde Flamme. Das Licht war zwischen den Türritzen hervorgekrochen, hatte den großen Engel erfasst und tauchte alles um ihn herum in einen geheimnisvoll schimmernden Schein. Was mochte das für ein Licht sein? Während sich der kleine Engel noch danach fragte, raunte ein anderer Engel, der dabei stand und seinen fragenden Blick wohl verstanden hatte: „Es ist das Lebenslicht. ER selbst hat es entzündet."

„Aber womit", flüsterte der kleine Kerl zurück, „womit entzündet man das Lebenslicht?"

„Mit Liebe. Nur Liebe bringt das Lebenslicht zum Leuchten."

Genau dieses Licht leuchtete jetzt von der jungen Familie her. Der kleine Engel konnte alles ganz genau sehen. Weil er noch so klein war, durfte er vorne in der ersten Reihe gleich bei dem Neugeborenen sein. Er war so angerührt und aufgeregt, dass er wohl fast vergessen hätte, mitzusingen, wenn ihn nicht ein anderer kleiner Kamerad kräftig in die Seite geknufft und zum Mitsingen aufgefordert hätte. Dann aber erhob er sein glockenreines Stimmchen und fiel voll Fröhlichkeit ein. Er sang, dass er alles um sich herum vergaß und nur noch Lied und Lob und Liebe war.

Als er ausgesungen hatte und sein Lied verklang, kehrte er in Gedanken langsam an den Ort zurück und nahm seine Umgebung wieder wahr. Das Kind schlief tief und fest im Arm der Mutter, und die erschöpften, glücklichen Eltern schauten schläfrig und versonnen in seine Richtung. Sehen konnten sie den kleinen Kerl nicht, das wusste er. Engel sind für menschliche Augen unsichtbar. Man kann sie nur mit dem Herzen spüren oder an ihren Wirkungen erkennen.

Aber in der Zwischenzeit hatte sich – vom kleinen Engel zunächst unbemerkt – etwas verändert. Es war still geworden im Stall, so still, dass man Ochs und Esel schnaufen hören konnte. Aber wo um alles in der Welt waren die Engel geblieben?

Der kleine Engel begann, sich ein wenig zu fürchten. Doch, das geht. Auch Engel können ängstlich werden, wenn sie sich von den anderen guten Geistern verlassen fühlen. Ob er sich nun zu sehr vom Lobgesang hatte ergreifen und hinreißen lassen – jedenfalls hatte er offenbar den Moment verpasst, an dem die anderen Engel wieder in den Himmel aufgestiegen waren. Ihm wurde abwechselnd heiß und kalt.

Wie konnte er nur in den Himmel zurückkehren zu den anderen Engeln? Wo war der Himmel überhaupt, und wenn er ihn je finden würde: Wie öffnete man die Himmelstür? Fragen über Fragen. Wie klein er sich gegenüber diesen großen Fragen fühlte. Er musste sich auf einen Stein setzen, denn es wurde ihm schwindelig.

So geschah es, dass in jener wundersamen Nacht nicht nur Gott selbst zur Welt kam, sondern auch ein verzweifelter und vergessener kleiner Engel – unsichtbar für die Menschen, die das Wunder erlebt hatten, und unsicher darüber, was er nun anfangen sollte und ob er je den Weg zurück in den Himmel zu finden vermochte.

Ein gnädiger Schlaf umfing seine trübsinnigen Grübeleien wie ein wärmender Mantel, und er nickte ein. Träumend erlebte er wieder und wieder den großen Moment, das funkelnde Licht, die himmlische Musik von seinesgleichen und die Geburt, in der – ja, warum hatte er das nicht gleich verstanden? – die Geburt, die den Himmel auf die Erde gebracht hatte. Sollte es am Ende so einfach sein, fragte er sich, während er erwachte, weil plötzlich eine unerklärliche Unruhe um ihn herum herrschte.

„Wenn es stimmt, dass mit Jesus der Himmel auf die Erde gekommen ist", sagte er zu sich selbst, „brauche ich ja nur bei der Familie zu bleiben. Dann werde ich den Himmel schon finden."

Aber es blieb ihm in dieser ganz eigenartigen Nacht wiederum nicht viel Zeit und schon gar keine Ruhe zum Nachdenken. Josef kramte hastig Hab und Gut seiner Lieben zusammen. Ihm sei im Traum ein Engel erschienen. Sie müssten fliehen. Herodes, der König, trachte dem Kind nach dem Leben und wolle es töten lassen. Kaum hatte er das erklärt, setzte er Maria mit dem Kind schon auf den Esel, griff nach der alten Laterne und zog mit seiner Familie eilig los. Der kleine Engel mochte nicht ein zweites Mal in dieser Nacht zurückgelassen und vergessen werden. So nahm er seine kleinen Beine unter die Flügel und

folgte Josef und Maria und dem Kind in die frostige und finstere Nacht.

Ob es nun daran lag, dass alles so plötzlich und unerwartet geschah und er noch so schläfrig war oder daran, dass Josef nicht wusste, dass sich ein kleiner unerkannter Engel in seiner Reisegesellschaft befand, auf den er deshalb auch keine Rücksicht nehmen konnte: Der kleine Engel verlor den Anschluss an die flüchtende Familie. Abermals blieb er in dieser Nacht zurück – hoffnungslos verlassen in einer kalten Welt, auf die er sich so gefreut hatte, die ihm nun aber fremd und feindselig vorkam.

Nie war eine Nacht schwärzer, nie waren die Gedanken eines kleinen Engels dunkler und nie eine Sehnsucht aussichtsloser. Völlig entmutigt trottete er traurig und trübsinnig ohne Sinn und Ziel in die Nacht hinein – besorgt, nie wieder nach Hause zu finden und auf immer verloren und vergessen zu sein.

Aber ein Herz, das von Trauer erfüllt wird, kann darüber auch empfindsamer werden. Vielleicht lag es daran, dass der kleine Engel besonders aufmerksam war für die Menschen, denen er im Lauf seiner Reise durch die Nacht begegnete: Die einsame Alte, die keinen Schlaf fand, weil sie um ihren verstorbenen Mann trauerte. Der verzweifelte Mann ohne ein Dach über dem Kopf. Er war unter der Last seines Lebens zusammengebrochen und hatte begonnen, seinen Kummer zu betäuben und in Alkohol zu

ertränken. Jetzt blieb ihm nichts mehr – außer der Scham über sich selbst, die er wiederum zu betäuben und in Alkohol zu ertränken versuchte. Die Kinder, die heiße Tränen in ihre kleinen kalten Kissen weinten, weil ihre Familien zerbrochen waren und sie sich hin- und hergerissen zwischen Vater und Mutter nach einem Zuhause sehnten. Fassungslose Eltern an den Gräbern ihrer Kinder. Der alte Mensch, der sich selbst vergessen hatte und nicht mehr wusste, wer er war. Die verzweifelte Frau, die im Begriff war, sich das Leben zu nehmen. Der Kranke, der sich vor dem nahenden Tod fürchtete. Der Priester, der nicht mehr an Gott glauben konnte. Der Komponist, dem nichts mehr einfiel und der wie gelähmt auf das leere Notenblatt auf seinem Klavier starrte. Der Clown, über den längst keiner mehr lachte. Der Soldat, dessen schreckliche Erinnerungen an den Krieg ihn von innen her zerfraßen. Das kleine Mädchen mit der großen Angst, das nicht mehr essen mochte. Alle Widrigkeiten und alles Elend der Welt schienen sich dem kleinen Engel in den Weg zu stellen.

Die Menschen rührten ihn. Ihm war, als ob sie alles Leben verloren hatten und nur noch Schatten ihrer selbst waren. Aber was sollte er allein dagegen schon ausrichten können? Außerdem musste er den Weg zurück in den Himmel finden. Warum sich also aufhalten? Aber je mehr Leid ihm begegnete, desto deutlicher bemerkte der vergessene kleine Engel auch, dass er mit dem Elend all dieser Hoffnungslosen und Verlassenen irgendwie und auf geheimnisvolle Weise verbunden war.

Was für eine seltsame Nacht: Das Licht, die Geburt und der Gesang. Wie lange war das her? Erst wenige Stunden? Er konnte es kaum glauben. Es schien ihm wie eine Ewigkeit und beinahe so unwirklich wie ein Traum. Fast zu schön, um wahr zu sein. Dann die Finsternis, die Flucht, die Not, die Schatten der Nacht – zu wahr, um schön zu sein.

Und er mittendrin, als ob es an ihm liege, das eine zum anderen zu bringen, Licht in die Nacht und die Nacht zum Licht. Vielleicht war er gar nicht vergessen worden. Vielleicht hatte er etwas besessen und trug es noch bei sich, eine Antwort, eine Einsicht nur, die hier weiterhalf?

Da dämmerte es ihm, und er dachte an das Lebenslicht zurück und an das, was ihm der Engel darüber berichtet hatte: Die Liebe, nur die Liebe entzündet das Lebenslicht.

So kam es, dass ein kleiner Engel in jener seltsamen Nacht begann, sich der großen Not der Welt anzunehmen. Er tröstete, half und heilte, so gut er das vermochte. Aber es war eine riesengroße Aufgabe für einen kleinen Engel. Er kam nur sehr langsam voran, und kaum hatte er eine Not gelindert, sah er sich zwei neuen Nöten gegenüber. Er allein war zu wenig. Auch glaubte er schon bald, dass seine Hilfe nicht handfest genug sei. Also schlich er sich in die Herzen der Menschen, um sie weicher und weiter zu machen, damit sie ihm bei seiner Hilfe halfen.

Und wirklich, es gelang. Je mehr Menschen er gewann, desto heller wurde die Nacht. Diejenigen aber, die Hilfe durch ihn erfuhren, wunderten sich nicht wenig. Denn es geschah ausgerechnet in ihrer höchsten Not, als das Leben seine tiefsten Schatten auf sie geworfen hatte.

Der kleine Engel aber ahnte, was vor sich ging: „Ich habe den Himmel gesucht", sagte er zu sich selbst. „Jetzt glaube ich, dass er mich unterdessen längst gefunden hat. Der Himmel ist kein Ort. Er ist da, wo wir über uns hinauswachsen und mit Liebe für andere einstehen. Überall da wird das Lebenslicht entzündet. Überall da kommt Gott zur Welt."

Seit diesen fernen Tagen wissen wir Menschen, warum ein Weihnachten, an dem wir die Engel vergessen, nicht wirklich Weihnachten ist. Wir spüren, dass unsere Herzen weicher und weiter werden und dass Schatten auch ihre lichten Seiten haben.

Und wenn uns im Dunkel unserer Tage ein anderer helfend zur Seite tritt, sagen wir lächelnd und dankbar: „Du bist ein Engel."

Zum Autor:
Ulrich Peters, geb. 1959, ist Dipl.-Theologe, Vorstand, Verleger und Publizist.

Zur Gestaltung:
Die Bilder in diesem Buch stammen von Angelika Kraut. Sie liebt es, verschiedene Papiere, Formen und Silhouetten zu farbstarken Collagen zusammenzusetzen. So entstehen poetische Bilder, die den Betrachter immer wieder neu verzaubern.

2. Auflage 2024
Alle Rechte vorbehalten
© 2022 Verlag am Eschbach
Verlagsgruppe Patmos in der Schwabenverlag AG, Ostfildern
Im Alten Rathaus/Hauptstraße 37
D-79427 Eschbach/Markgräflerland

www.verlag-am-eschbach.de

Gestaltung und Satz: Angelika Kraut, Verlag am Eschbach
Kalligrafie: Ulli Wunsch, Wehr
Herstellung: Grafisches Centrum Cuno GmbH & Co. KG, Calbe
Hergestellt in Deutschland
ISBN 978-3-86917-976-6

FSC MIX
Papier aus verantwortungsvollen Quellen
FSC® C043106

Gedruckt auf Arto Satin Papier – ein umweltfreundliches Papier,
ausgezeichnet mit dem EU Ecolabel und FSC®-zertifiziert.
Näheres zur Nachhaltigkeitsstrategie der Verlagsgruppe Patmos
auf unserer Website www.verlagsgruppe-patmos.de/nachhaltig-gut-leben

Dieser Baum steht für Erhaltung unserer natürlichen
Lebensgrundlagen, umweltschonende Ressourcenverwendung
und nachhaltige Herstellung.
Manufakt Individuell und mit Liebe gemacht.